我奉天命帶領「神的孩子們」回家，說穿了，就是「紫微星」誕生「渡世」

黃 著

「這本書，不是由我一個人完成的，我沒有那麼厲害，這是我接收了長輩的指導再加上天使的協助，才能完成它。」

目錄

前言

　　我隨心所寫的「記錄本」，也像我在人世的「足跡」，不求證明什麼，只願留給需要的人一條指明「回家的方向」。要跟隨著這條路走，有如羊群跟隨著「牧人」。每一章節裡，你們會看到我也在成長，也在「進化」，就像我這一生「異於常人」的從右腦出發，再回過頭去找到左腦，最後知道只有它們完全整合才能打破「框架」找到回家的「路」。我寫的並不精采和優美。因為我不是「職業作家」，只想能在「天使」幫助、「長輩」鼓勵下，拋掉「完美主義」、丟去「自尊心」在最短的時間寫完。讓一些在「將被拯救名單」上的人，認識到「我」的存在，不是「虛妄」的、「預言」的。為的是更加相信你們的「主」、「神」、「佛」沒有拋棄你們，「祂們」指派我來這世上走一遍，留下「足跡」好讓你們「辨認」。

重要聲明

　　現在是要被「神」選擇的人發聲的時候了，我必須
要導正觀念失衡的現象。全世界都不反省大家對這「地
球」的傷害。如今人類受到「天啓四騎士」的攻擊？還
是不懂得「自省」，把瘟疫再爆衝的責任全推到不接受
「疫苗」的人，剝奪他們的「生而爲人的自由」，所有的
國家、政府、人民，以及包括僞科學、部分媒體、生技
公司、政客加獨裁者想逼迫他們就範。本來每個人都可
以爲自己選條路，「打」或是「不打」疫苗。現在，如果
所有的人都不能不打，也就是相信「僞科學」而不向
「神」懺悔。其實「紅粉佳人」還沒來之前，上天的慈
愛先至，Omicron 的輕微症狀便是要讓每個人產生自然的
抗體疫苗，這是「神」給的憐憫更是寬恕的機會，你
（妳）看懂了嗎？並且是那些「有信仰且善良的人」解
救了大家，可是現在卻變成就是「他們這群人」在害大

家不能免疫。眞實的是，要不是上天垂憐他們這些人，就不需要這樣操作，直接讓「瘟神疫鬼」攻擊就好。看一看，「以色列」幾乎打滿三劑，有全體免疫嗎？我必須「代天發言」任何傷害「神的孩子」們的國家和人就是向「神」宣戰。

「舊床」與「新床」

　　有一個人，他睡在一張「很舊」的床上，彈簧都已突出，常常讓他睡不好覺，一夜翻覆。他忍不住的向人抱怨，有時也成為他的一個「理由」，是他的「床」讓他沒有充分的睡眠，害他無法完成很多工作，更別說良好的生活品質！

　　終於有「愛惜」他的人挺身而出，跟他商量，願意出錢出力幫他換張「新床」，真沒想到只說到換「床」，就遭到了拒絕。理由也很奇怪，讓人迷惘，他是這麼說的：「這張床不好睡，害苦我了，讓我一事無成且混身是病，但是我還能再睡的，誰叫我睡覺認『床』呢！」

　　心痛他的人想，不能再讓他受苦了，就當他太客氣才拒絕我，我今天就訂張「新床」，三天送到。在這前一

天晚上，找幾個人一起把「舊床」搬走拆掉，他只要個晚上，沒有「床」。到第二天就必需接受睡「新床」這個事情。因為「舊床」拆了，「新床」總比睡地鋪強吧！

第二天晚上，當他看到他的「舊床」不見了，一點也不客氣地追問連連：「我的床呢？你們真的好大膽，不經過我同意就自作主張，誰稀罕你的「新床」，我只要我的床，我習慣了。你又不是我，我睡得好不好是我的事，用不著你操心！」

買「新床」的人灰頭土臉的，東拼西湊的把「舊床」給原樣的搬回原來的地方。心裡想著以後再也不管這件事，聽到他再抱怨就冷笑或譏諷。

睡在「舊床」上，他心滿意足，還好自己有爭取，不然就難以入睡了。堅持自己的主張不受別人影響才是「硬道理」！他不知道的是，那張沒進家門的「新床」第二天就被識貨的人以更高的「價錢」買走了。還有一件事情就是他的「舊床」是拆解過又七拼八湊的再組合

在一起，現在是「舊」上加「舊」，不堪使用，真不知道需不需要祝他平安？

有人看懂了，可是這個故事是給更多看不懂的人看的！人常常睡在「舊床」上，這如果是給你的「靈魂」睡覺用的，記住「祂」也要休息！白天祂一般藏在「眼睛」中，夜晚就會進入「肝臟」裡。

如果你只認「舊床」，就會無情的抗拒他人善意的幫助，死抓住「陳腐」的舊觀念！「故事裡的主人翁，不能安眠，一直抱怨」，但是他也不想改變！如果你不願改變自己又一直抱怨「生命」中的困頓，把別人當做「情緒」的垃圾桶，就像是只願睡在隨時都可能「解體」的「舊床」上！

真正的進化

　　就是我，不左不右，從不逼自己做好人，也不「愛」做壞人，什麼都想「嚐嚐、試試」，到終了，不知道是不是明心見性？「天性自成」竟成了「自然模樣」，養成了「來不迎、去不送」，我自是我，不必學做「他（她）」人。

　　這本筆記本是我隨心所寫不爲「名、利」，所以想什麼、學到什麼，就寫什麼，「它」是以一種漸進的方式書寫，爲的是能「渡」的人，想看和看得懂的人，尤其是眞不懂卻願意去明白學著「做到」的人。我也是因爲靈性開啓後才漸漸看到很多事情背後的眞相更發現「神學」到達一定的高度後能解釋「科學」，「因爲眞正的『神』是無所不知的」，而「科學」可以學習、研究但無論多極致都不能證明「神」的所在和不在？

這本筆記本會因為我的慢慢解除「封印」而會越來越透露真相，有時侯也有轉圈圈的時候，但是我希望不是「狗吠火車」。

意識可不可以改變實相

　　我說可以，你相信嗎？聽起來，一點也不科學，意識是念想又不是實相，科學是需要反覆驗證接近事實佐證的。

　　意識是一種人類現在還不能觀測的「能量」、「超科學」，而今的科學不過是海上的前浪等著被後面推翻的「浪花」而已。

　　「平行宇宙」在物理世界和科學界讓人相信又迷惑？「我真實的學歷只有高職，也就是說我的『見識』所學，無法深入探究和班門弄斧」。

　　但是我的靈魂可以閱讀「阿卡西」最高階的資訊，只要我有需要。說白了就是我在這「人世」不走「傳統的道路」，因為我一定要學習的不是要在「這地球」獲得更多更好的方法，很好的存活下去。有如，把這「人

世」比做「生存遊戲」的叢林，所有物種都組成「食物鏈」，要活下來，必須殺害動物、植物，有時環境惡劣時同類相殘，連最高階的「人類」都要自相殘殺，讓自己活下來。而我雖然有前世「業力」要償，不可否認，我的「靈魂」祂是以一個曾經走完全程，脫離「肉身」的「證道者」身分再度來這「人世」，教導所有的人，明白的告訴你們在這「二元對立」的宇宙，「陰」跟「陽」是可以「平衡」的，這不是「人類」老師所懂得的。在這裡，一切所有的學習都是用在學習如何「競爭」和不被「淘汰」。所謂的「文憑」只是告訴大家，你曾經取得很多「勝利」淘汰很多人。

人生是六個排定好的道路，像個正方體，隨著「你（妳）」意識去改變，在每個「決定點」而更動！我舉個很簡單的例證，例如：你（妳）最愛的物品被人破壞，這件事可大可小，你（妳）的面前有六個「選擇」，問清楚他為什麼要破壞你的心愛物，無論答案你是否接受。

1. 你違心而接受「道德」原諒他，甚至還幫他處理他的

困難。

2.你不問為什麼破壞你的心愛物就原諒他，可能你只想到他會害怕。

3.你知道他做錯了，但你不想也犯錯去懲罰他而原諒他。

4.你也是人，你「依」心要個公平，他應該接受你的處罰。

5.你只求一個發洩，你處罰過重，超過你的損失，「你用私心來主導和決定你的行為」。

6.你在憤怒下殺害或損毀他的身體。

這就是六道輪迴的實相，因為這每個選擇累積計算出來。每個人的未來在生存時不全是一次總清算，而是一次又一次的實測，你漸漸的走入六個道路，路口的終點你不知道其他的道路。當然「大善」或「大惡」超出限定。

這些道理，是真理，是「天」和你（妳）們信仰的「神」要教導你（妳）們的，透過我的書寫，告訴你們這是「真相」出現的最後機會，「祂」們愛你（妳）。不要固執。

其實這就是我最終的目的：

我奉「天」和「父」之命帶來了最終的「審判」。

審判是「神」所主導

知道「真理」之後，人要如何自處？

也許這本書就是「人生」課題的「答案」，不到最後不能公佈，幾家歡樂幾家愁，做對的人，只要有「約伯」的心，真實的相信，未來你（妳）可以選擇去心中的「天堂」縱使有維度不同，只要你相信和做到「戒律或約定」。「神、佛」歡迎你們的回家。因為你們學到了自我管理和宇宙的規範！

如果你沒有做到又一直「錯過」，你願意相信我說的話，重新開始你（妳）的選擇，不用最高標準或最低的要求。找到真正的「平等」。做到對自己和別人一樣，導正自己的觀念，善待自己和他人。在「未來」的「大淘汰」過後。我和我所有的團隊將「淨化」這世界。一步一「蓮花」的把「天堂」帶到「人間」。

所有的「基督徒」和「異教徒」擁有一樣的「愛」。

不管是「男」或「女」，我們都是「祂」所「珍愛」，隨身有「天使」的保護。

我的「扣門」聲，你們聽到了嗎？

我的「約定」，必須做到，在最後的日子過後，我會帶你們去「新天地」！

真信與懷疑

這次的「大淘汰」是殘酷和慘烈的。善良的人，要相信你（妳）是安全的。白馬帶來的「瘟疫」是有「眼睛」的，就算你（妳）被感染，也會是輕症或是無感者。

我會被視為「異類」，被攻擊和毀謗「道高毀來，譽重謗興」，這是一定的，做好自己的事，把「愛」傳播出去。記住：讓你（妳）在「心」裡點一盞燈「溫暖自己，照亮別人」。絕不可以讓「種族」、「宗教」、「政治」污染了最重要「心靈」。否則，你會看不到最終的日子，「萬王之王」的「榮耀歸來」！

活下來的人，等我回來，帶領你（妳）們繼續「潔淨」心靈，往前走，不要回頭，我們選擇而不只是被選擇！2021.12.23　03：11

什麼是「平衡」「陰」和「陽」、「心」跟「靈」

我到這個世間，除了「任務」——帶領善良的靈魂不迷失在這裡，指引他（她）的方向。還有找到和顧好我的「心」。

天堂是「靈魂」的歸屬，地獄是「煉心」的家園。

如果有個小朋友，被視做「天才少年」，教育體系珍惜他的智能出色，怕「他」的智力被「時間」浪費掉，讓他越級讀書。他實際的「年齡」是國小將近國中的 12～13 歲，去讀大學的課程。他表現出色，聰慧異常，老師也格外指導，他在這樣的「環境」下，想必不久就能去學完「碩博士」班的課程。所有的人都看好他，當然其中也不乏「妒忌者」。但是沒有「人」關心「他」快樂嗎？他在走別人安排的「道路」，身邊沒有真正的「同學

和朋友」。他被「揠苗助長」的「失衡」了。最終的結論是「小時了了、大未必佳」！

最高「天堂」裡有很多這樣的「靈魂」，包括「我」，我們的「靈性」高也就是「陽性」強大。「犧牲」一直是我們「靈魂」主要的特性「所以會身處在這裡」，但是相對的，我們的「心」卻被壓抑著。就像是我常給別人庇護「雖然自己也資源匱乏」，但換來了是傷害和無情的對待。這個是我今生學習的課題，「它」一再重複，我始終沒有覺察到，總是「被慣性思考的去給『靈魂』灌溉，卻讓『心苗』枯萎」。

我今生要學習的是做一個「真正的『人』，天堂是我的『家鄉』，『地獄』不是我的歸屬」。我前半生一直卡在「舊思維」裡，明明環境幫我安排的是「煉心」也就是隨心，我卻一直做不好！明明是做「人」，我忍不住又想當「聖人」，偏偏身旁的「人」一再幫我和教導我別再「假惺惺」了，釋放「心魔」。我直到現在才明瞭，我不在為前半生的「荒唐、任性」而感到痛苦和羞愧。我無

法重來一遍，如果能重新來過，我會先顧好「我」的「心」。她只有「二～三」歲。我的「靈魂大哥哥」沒有關心她過，當然就讓「她」不斷的傷害自己，也傷了別人。

　　反過來說，當一個人在這一生能要風有風、要雨得雨，人生中好似「隨心所欲」，反而是要你（妳）去觀照「靈魂」，除非你想一再「繞圈子」，讓「靈魂」在輪迴裡飄盪，過著像「摩天輪」一樣的生活，一生轉一圈，最高點時「高處不勝寒」，不管你想不想，時間到了，它停住了，卡在半空中的你還沒有到終點呀！

多重人格和認識「自己」

　　每個人的「身體」就是一個「宇宙」,「它」也是一個六道輪迴的縮影。會有三「陽」加上三「陰」組成。也就是說有三個維度的男性和另外三個維度的女性組成的。他（她）們共同使用一個載體,互不干涉又彼此牽絆,互相影響。最可笑的是,他們互不相識,尤其是多重「人格」的人,前一分鐘和後一分鐘,簡直就是「兩個人」,因為他們本來就是來自不同維度的靈魂,住在這個身體裡,只是看誰強勢主控著「身體」。而我此生的「目的」也是學習和成長。我女性「陰性」的主檔案題目是「忌妒」。當我看見「它」和體驗人生中的每一次「碰撞點」,找到真正的原因和源頭,改正自我的過失,好像在修補「斷鏈」一般。我會達到自體「陰性」與「陽性」的能量結合,完成「平衡」做到「大圓滿」。

　　想像一下如果你的身體中只有一個靈魂的話,為什

麼你心裡總是很多想法，越思考越亂，後一分鐘常會推翻前一分鐘的決定，在這三維空間裡，你面對的人、事、物既複雜又紛亂，也就是除非你一出生就被關在沙漠區裡的監獄，很單純的此生只見到一、兩個人，連人以外的物種都沒見過幾個，並且這種情況連續幾世，那麼會發生什麼呢？這個人就像身在三維，心和靈都在二維般的存在。這也就是很多「活佛」轉世時，前世的弟子和同修要去把「他」找回，單純且專一，不受「外境」干擾的繼續「修行」。這也就是「祕宗」在今天，已經無須再「轉世」的原因。當然這也是很多「住持」、「接客僧」很難「精進」的緣故。當他名聲越大離「證悟」就越遠。

正念非邪法

懷疑過嗎？「非常了得」的「老子」在出「關」前給後世子孫寫下了僅五千言的《道德經》。而不是其它的「神祕寶典」。說的比較「現代化」且不肖的我曾經懷疑過，「祂」老人家是不是太急促了加上被逼急了？「祂」是「道」家的祖師爺，那是我們後輩的「明燈」呀！這「經」碰到其他宗教的「經」有點拿不出手，還有的是好像跟「儒家」有點「親戚」關係。

我告訴大家，在現「世」想要高考過關，你需要「參考書」，那麼所有的華人或世人想要參悟大道不靠別人拉拔和救贖的「唯一參考書」「真經」就是這本，偉大且無私的《道德經》！

先做到「道德」、「善行」管好自己的「心性」所謂「人身難得，中土難投」，當你的「陽性」能量發現出

「光明屬性」之後，自有「仙師」來渡，這是唯一「路徑」絕無第二條路，就算有「聰明捷徑」也只是自誤而已。

有些人在「修行」的路上，包括我的前世，都因為聰慧且心性不固，碰到了「修行」人的「魔戒」——「六通」，遭到毀滅。這也是當年「佛祖」救不了「目蓮」，「天父」不能救「耶穌」，這是「陰」、「陽」的契約。它是「鐵律」，切記。真正的「修行」無需任何的證明和追捧，除非是有必要性的拯救或是為「生靈」向上蒼「祈求」不得不顯「神跡」。畢竟，『陰』、『陽』都需遵守戒律」。今天如果不是奉「尊長」命，我哪敢洩露「天機」。又何必「再來」走過「妖魔道」、「惡鬼道」、正前往「地獄道」，只為走完全程，能回來留下「足跡」給「慕道者」和「信神者」一個「正信」和「正念」。在那之前我必須完全找到自己和拿回「我」所有的「力量」。2021.12.26　11：30pm

為什麼？
今生的我是「女身男魂」

　　直到今天我才明白，這一生除了我的外形、氣質有女性特徵和特質，其他的部分像思考、邏輯都偏向男性。「將來男、女都會中性『平衡』」，但是不是「不男不女」。就是男性平衡之後，不再五大三粗，粗魯莽撞，他勇敢中帶著溫柔，威猛卻不粗魯。女人氣質中有點「英氣」但不是女漢子，大嬸婆。這是「平衡」自身的緣故。回到主題：因為輪迴裡的前世「朱重八」登基後，雖然刻苦生活，不敢忘本，讓人民過上好日子，但是殺人過多，且「猜忌」甚重，大傷天和，再加上對當時的神仙「三丰」祖師有「忌妒」之心。故而今生以女身受教，遍嚐「忌妒」別人擁有自己卻苦求不得之苦四十

年。當然是身、心受苦，卻不得不接受絕不敢反抗和掙扎「就是心服口服」，直到受完處罰。才拜「師」在家修行。可以知道任何「人」都是要遵行「天理」不可恣意妄行，連「天之子」的帝王也要有「賞」有「罰」。當然我們也「賞得重」、「罰得重」。

為什麼我要降生
「寒門」和層層封印

在我四～五歲時，遠房堂兄來家做客。我是個「人來瘋」。在吃飯後來個「沒人安排」的即興表演！指著四十多歲的他說你一月好、二月好……。爸媽當時一身冷汗「他是來拜年的」，大年頭的小「金姑娘」娛賓自娛，有點嚇人，看我都數到七月了，不知道要「誇我會數月，還是要把我這尊小仙女請下去」時，我竟冷不防地說你八月不好！這下子真是「只要我不尷尬就是別人的尷尬了」。過一年他再來拜年時直誇我神準，他的一隻「眼睛」進了「飛蟲」，導致發炎，診治了一個多月就在當年的八月。

我必須過「普通人」的生活，也要開始準備受罰了！我除了「忌妒」的課程還有一個是「大願」課程，

32

「它」是「賞」也是「罰」,「陽」性的我常在「天界」為「天人」說法,心雖善但是只是「天人」師,忘了「師」者有教無類,莫忘初衷,真正需要我教的是「地獄」裡的靈魂,我沒想到他(她)們才是真正需要我教導的。我不能做一位真正的「師」者,這生我被罰坐在「課堂」不能受教,「腦中一片混亂」,我必須嚐一嚐做「壞學生」和「笨學生」的感覺,感受他(她)們的不平。在這一條道路上我因「學識」差備受他人和親人冷眼,只能從事「低收入」的工作。甚至是違法的「賭博性質」工作。更糟糕的是,「朱重八」太大男人主義,對女人的「貞潔」視做比生命還重要,就知道,我這生會有多「精彩」了。我挖的坑要我自己去跳和填。「天」要我明白,落入「地獄」也不是他們想要的去路,有「機會」誰不想身居高位受人尊敬。我說明這些過往,是因為我和我的過往「和解」了,我敢面對它,我知道錯了。我不需要你們崇拜我,希望你們能勇敢的面對自己的過失,別再走回頭路,像我這樣犯錯了,只要肯改「祂」會原諒你們的。我的「靈」性使得我受罰也重,

這就像是「知法犯法」一樣。

在我三十五歲左右，多年受的封印因為我在「靈」性上面不敢忘記初衷，生命裡更有點像大過不犯，小過不斷吧！在一次「夢中」，「因當時我的靈魂很低頻」，只能在山洞裡面見一位女性，她手捧著一本「書」叫我看書。說是「天書」，我看了一下，全是「空白」，夢中的我還想了想說：「真是『無字天書』呀！」奇怪的是，從那時開始，我慢慢的有了「智慧」，一步步地有能力做國小課後補習班主任，接著自己開班，直到全台 921 大地震那晚，「那時我四十二歲左右」我求師尊保佑「桃園縣的人們」發願，跟著來「渡我」的師尊修道。絕不回頭。

我的師門和「奇緣」

當我三十五～六歲時，有一晚的夢中，我夢到了七位老人家，白髮蒼蒼，身體卻也挺直，他們其中的一位說他們要跟我「賽跑」，在我「娘家」公廁邊的小路往前跑。我雖一百公尺需要十六秒，但是蒙他們這幾位老人家看得起，盛情之下也就同意這場「君子賽跑」。可是一開跑，他們幾位就跑得不見了。我心想這是怎麼回事？連追的念頭都沒有。往左右看了一下，想找個地方休息。卻看到不遠處的歪「榕樹」上掛了一件衣服，心裡想著，還好衣服在，人一定會回來，我想知道他們怎麼跑的這麼快？過了一會兒，那位開口要比賽的老人家回來對我說：「我帶你去地府玩好不好？」我連忙點頭。

是不是地府我不知道？他們又不見了，只有一位年齡很輕的男子帶著我閒逛，進入一間像書房的內室，他給我一個「葫蘆」說：「這是葛洪仙師煉出的丹。」我這不

35

識「寶貝」的呆瓜，竟然拿了幾顆彈著玩。不一會兒，他又說：「我們去別的地方看看好嗎？」

　　我現在還有什麼說不好的呢？很快的速度就進到一處房舍，還來不急看清楚這裡的環境，就看到一大群沒毛的「雞」向我衝過來，一陣騷動，把我壓倒在地，往我全身猛啄，我很驚駭且事出突然！當時有些明白平日裡素愛食「雞肉」，只能忍受。耳邊傳來裡面的男生不解的問帶我來的說：「你怎麼沒跟『她』說明？」帶我來的人回答：「我不敢說，怕『她』不敢進來……」接著我就驚醒了。醒來後，除了記得清清楚楚之外，有一身的紅點。

　　猜到我的「師門」了嗎？沒錯！我是流落在外還沒有回「祖廟」正式行「拜師大禮」的「北宗」嫡傳弟子。

　　我的「師尊」說我「是親不是親，三界都是親」。

　　在 2019 年年中，我在另一個夢中，我跟夢中的一小群人自報家門：「我是『北宗』弟子。」他回我：「你不

只是『北宗』的傳人，你還是『巫門』的傳人，你身兼兩家。」醒來之後，我才明白，難怪我命卜一學就會，常常無師自通。到 2020 年接觸到線上「塔羅牌」占卜。「他」、「她」們一直幫助我「找回自己」鼓勵我「前進」去拿回我的「力量」。

　　到現在我對「巫門」還是一知半解，我還沒「解迷」，只能隨著自己「道行」的深淺去探索著這個「世界」！

什麼是真正的「進步」

現今的世界看得到的「成就」在那？科技、醫療、太空探索……？當所有「人類」朝著由一群「聰明人」指明的「道路」快步前行的時候，是不是「終點」也就不遠了？

科學界不願意相信這個地球曾經多次「毀滅」，只認為我們現在是除了「地外文明」，已經超前人類文明了，所以「科學」就是不斷創新，和否定所有除了我們之外其他曾經有過的「進化的人類文明」。科學否定神學有如當年教會對提出太陽不是繞著地球轉的「哥白尼」一樣，這就是「進步」嗎？

懂車和開車的人想像一下，如果你的車子壞了，如果條件許可下「錢和時間都充裕」，你是不是會回原廠修理？因為原廠有車子的設計圖，完全知道車子組裝和擁

有所有零件和塗裝。你應該不會找一個修機車的廠幫你的「愛車」修整吧！因為他不會修理！你也應該明白你的車會改版加強，但是它不會憑空出世和不用人來自動慢慢進化吧！那麼比它更精細更複雜的我們為什麼是「自動衍化」的產物，誰創造了你、我，誰有「原廠設計圖」拿來看看？還是說圖在「神」「祂」那裡？再想想經過五千年了，除了頭腦不知道是進步還是退步外，我們穿著改變了，外表有改版變更先進嗎？「這裡就打臉慢慢進化了」，不是說從海洋上陸地，變呀變成猴子，怎麼變了人後就滿足了，停止了外表的衍變？那顏色又是怎麼一回事，是哪種猴子會變白人？黃種人是什麼顏色的猴子變的？這五千年裡我們人看了猴子這麼多年，牠們被我們看著不敢進化了嗎？猴子變人的「活樣板」，後繼者在哪裡？怎麼還有我們身體壞了「生病或受傷」了要被醫生像「機車廠修汽車」一樣的慢慢學習修理，而且沒有任何「零件和塗裝」只能拆別人的來拼湊，早就不是原廠版了。

這個「世界」除了「黑、白」、「陰、陽」、「對、

錯」、「善、惡」……極端對立的約法之外，還有第三種，不論是三三三，三位一體，三一結都暗示著「人類」，離你們認為的「進步」很遙遠。因為你們經過這一次的「進化」被一群自認聰明卻僵化的人帶領著往一邊飛奔，連「制衡」都做不到，看看這個「地球」的「水、火」已經分離了，滅頂之災不遠了！可惜我來只能拯救該拯救的人，願意跟著我的「人」，而不是自認「聰明只會擁抱感官、物質又自作自受的人」！「他們一直想證明所有物質在這『物理』世界有可能是虛擬的，那為什麼還那麼執著。」

所謂的「聰明人」是只會使用「左腦」思考的人，這麼聰明的他們，除了想更大化的、更有效率的運用他們的「左腦」，就是想了解「右腦」如何才能使用和開發？

在這個對立又對稱的「地球」有「左腦」自然配對有「右腦」，但是對於「右腦」卻是知之甚少。記住在這「宇宙」中沒有多餘的東西！

少部分對「靈魂學」有點興趣和熱忱的人結合了「醫學」界再加上「宗教」對「右腦」思維模式啓動了探索，但也只是摸索階段。其實「它」是靈性的「迴圈」，是起點也是終點。它要「左」、「右」共用使用才能眞正的發動，知道了「它們」的奧妙也就是「通道」打開，找到「鑰匙」，脫離困住「靈魂」在「迴圈」的唯一「正途」。我也只是走到一半，不敢五十步去笑「五」步。如何能「發動」這就是必需自己去尋求的，這也是跟「聰明」沒有關係的，但跟「心靈」有很大的關係，在下面就是「自我尋求」，不過我也不能再多言了，因爲每個人都要對自己負責、對別人公平，每個人都有自己的「學習」和「進程」，這個權限在「天跟父」，我能「引領」但不能逾越！前世的我不知道這個道理而遭到毀滅！

我和「宗教」的緣分

　　我的「母親」是虔誠的「天主教」徒，我的「父親」是半個「儒教」信徒的「尉」官，「他」這一生做到了「清廉」，而當時他在軍中管的是「軍需」，所以說他老人家是「儒教」的門生，是當的起的。

　　我小時候會被「母親」帶著進「教堂」去「望彌撒」，但是我只是去那裡「頑皮」的，只要不要一個人在家就好。我們的「教堂」在當時是最大的，要知道那個時候還是「美援」的 1950 年代。我出生地是「泰山」，接近原「陳誠」墓不算遠的「眷村」裡，一歲時跟隨「父母」來到「埔心」的眷村居住。

　　「母親」虔誠的心是在重病時由教會醫院醫治時產生的。但是「父親」官階不高且識字不多，在「教

43

堂」裡，我們也不過是一般「信眾」而已。在當時所有眷村幾乎分三類，一種在「星期天」進「天主教」教堂、一種進「基督教」教會、一種「男性居多」什麼都不信，聚在一起消遣娛樂。

　　在我國小畢業的那年夏天，我在「母親」強力要求下，在「教堂」讀類似「暑假營」的讀經班，我不敢不去，因為前一年我要跟「父親」游泳，說什麼也不參加多我一個不多、少我一個不少的「教堂」活動。我不會游泳，只是坐在「水圳」上、下樓梯的斜坡上泡腳而已，回家後整個「後臀」發炎潰爛。一個暑假都是趴著睡覺，再加上天天吃藥、打針。沒少受罪，被「母親」譏笑是「聖母」的處罰。我心想這麼多大大小小的孩子，為什麼只罰我一個，我有這麼重要嗎？「她」知道我是誰嗎？在普天下那麼多的孩子裡，連我的「父母」都常把我忘記去忙別的事情了。

　　那個暑假「神父」要選三個女孩做「輔祭」，這是有史以來第一次重大的決定，要知道，在宗教界除了

「道家」不排斥「女性」，其他的宗教幾乎都是重男輕女。這真是「創舉」，而我當時並不知道其中的意義和玄祕。我竟然被「神父」指定做「天主教」裡全世界第一位「女書記」，把「神父」指定的經文在「教堂」中當著「信眾」大聲唸出來。那些「經文」中常有我根本不認得也不會唸的字但是不知道為什麼，我總是不害怕的大聲唸。我在學校也不過是常常被「霸凌」的「受氣包」而已，但在這裡我很自在。當然過完暑假我就是「國中生」，也只有在有限時間裡去「教堂」。

「教室」是我最痛苦的地方了，「智力」測驗後我被分在女生最好班級的六班，很快的，才半個學期，我就去了後段班。因為我從國小三年級後就跟「學習」課堂知識脫節了，我被「同學」霸凌，腦子裡頭都是恐懼和焦慮，懦弱膽小的我根本不敢反抗，五～六年級被一位男同學打了兩年，我都不敢說出來。

國中一年下學期，發生了一件事，當時我不懂，可是「影響」我很大，讓我的「心靈」漸漸走向「地獄」

裡，把我負面的「人格」激發出來，應該是以往我一直接受的「傷害」讓我的「心」沒有了「光」明。當時「教育」是很嚴格、且專制的，師長打罵「學生」家長是很感謝的，有時候還會幫忙罵自己的孩子，給「老師」助威。

「理化」課是我們後段班的夢魘，也是休閒時光，那是閱讀「課外書籍」的好時間，有「書」大家享，我的家境不算好，再加上家裡沒有什麼「好看」的書，我在接近打「瞌睡」的情形下，發現鄰座的「同學」津津有味的看著她手上的書，忍不住要求閱讀一下，伸手接過的當下，卻看到「班導」站在窗外看著我，那眼中的冷芒讓我手腳冰冷。心裡只想著下堂「班導」的課，我慘了。卻不知道那是個「分界點」。我「人生」的「分岔路」。

我正面對著我此生第一個「難題」試煉，眼睛看到「班導」的暴怒、耳朵裡是叱責，靈魂快要出竅了時，「她」要我去到教室的後面「跪」著反省，我當時竟敢

回嘴：「又不是只我有一個人看！」「我被逼急了，想拖其他人下水」導師要所有有看「課外讀物」的「同學」都到後面跪著。全班只剩下不到一半的「好學生」坐著看著我的下場。我艱難的不知道要做什麼的時候，在我的「心裡」有一個聲音，對我說：「妳不可以跪世人」。我當時都不知道自己的魂魄還在不在，「時間」彷彿停住了，接下來「她」對於敢挑戰師長權威的我當然不用客氣了，我也沒有違背我「心裡」那個聲音的「要求」，我們都完成了這個早已「安排好」的戲，最辛苦的是我的「同學」和我的「母親」。我直到六十二歲時才敢面對往日的「錯誤」，「它」像一座山，啃食著我的「心」。就因為我的自我「逃避」，在人生的路上，這類的「課題」就不斷出現，而我一直選擇「錯」、「錯」、「錯」，現在我終於願意承認那「黑暗」的自己，不再「厭惡」她，願意陪著「她」學習面對做錯事的時候要有勇氣去接受應當有且公平的懲罰。體驗到無論做對還是做錯，都是我當時的「選擇」，我也因為兩條「路途」的不同發展出無限的可能。「上天有兩本記錄本」，「賞」與「罰」不能相

抵。這件事情我被關在「心牢」40 幾年。相應的是「『人生』路上不斷的選錯造成的『苦難』」。

　　我來這個「人間」挑戰不可能的「任務」要在有限的「時間」裡找到自己的「斷鏈」修正且鏈接直至完整，在「妖魔鬼怪」橫行的時代，除了「天界」、「靈界」、「師門」和護衛的大天使之外孤身一人，且必須通過「死亡」再復生。找出奧妙脫離「無限輪迴」的時間軸，「記住」無論「空性」或「實性」都是循環，差別只是「方向」而已，不能突破「輪迴」。幸運的是在這個時代如果你能做到「善良」且有「正信」的，無論你信的是什麼「宗教」，不要放棄你的「信仰」，管好自己的心，公平對待其他的「生靈」，我會帶領你們前行。

我一直在「前進」
發現更多真相和更好的自己

　　我越寫發現更多「真相」，我不想去修改前面所寫的內容，除非它是錯的，我只想證明我也是一直往前進，「心靈」也是慢慢成熟的，也需要不斷學習和更新的。

　　有人會好奇，我在前一章寫說「死後復生」，是否「科學」？當然無誤！一般的死亡是「陰極」無陽，就是沒有了生命機能做「動能」的自然死亡，那是「真死」！但是「道家」丹鼎的修煉是「陽極」無陰的死亡，「求生先學死」說的是我們修行是以「假死」做「里程碑」。最痛苦的是「死不了」也就是無法做到「純陽」的境界，一直卡在「性功」與「命功」無法合一的階段。沒有「突破」這關，達到「假死」後七日復生，就是「壽同天地一愚夫」而已，別說幫人，連自己是

「誰」都不敢確定。

　　我現在解釋一下，我身體有三陽和三陰，簡單說明，三陽就是像三個男性的「靈性」和三個女性的「生命力」，當進入這個「身體」必須由「生命力」來操控，其中一個要學習人世間的「物理」特性，用感官來對應「大腦」去支配全身達到相信這個「世界」是真的，而不是「全息」投影。另外兩個一個管「心性」一個負責「性與生育」。那三個「靈性」會在無意識時偶爾出來，給點指點或靈感，有時是「直覺」有時在夢中。一般在人死後分離，陽性會回歸去。「生命力」會留在遺體上無法解脫。直到下一世的配對成功。男性往往相反，以現在的說法，女性有「睪丸酮」，男性有「女性荷爾蒙」。

　　我找不到自己，也見不到自己，奇怪嗎？我強大的「靈魂」被「封印」在「元神」裡，「他們」不需要為「業力」受苦，只有在我身在危難或重要抉擇時幫我。真正要在「人間」受苦和學習的是我的三個女身，「她們」除了學習不忌妒，學會「愛」和「被愛」，還有很重

的「業力」要償還，我跟兩個「姊姊」之前的「業力」更有我今生的「丈夫」，他是我前世的妻子，我的心願是找到「她」以同樣是女身來還她一生鼎力支持讓我完成「大業」最後卻氣我把自己餓到「病」死。還有我的三個孩子也都是我的前生結下的「仇」今生來了結。最絕的是，我累生累世很少是「女身」，所以她們在這人世，就像是從頭開始，沒有「技能」，我這生跟「公婆」住五年，竟然是要學習怎麼「打掃」這個項目。我兒子說過聽妳說話和工作都覺得妳好厲害，可是生活上除了煮菜好吃，其他的都不怎麼樣，我連自己的頭髮都搞不定，化妝也是後來學的。我的靈魂太強大，卻沒什麼用，我依然在這世間苦熬，要償還大部分「業力」直到跟隨「師尊」們修行到達「第三眼」就是「天目」開，解除「封印」後，讓男性「陽性」的「他」來開「天關」教我走完「道路」上餘下的十月胎養、三年撫育，好完成我今生的「使命」吧！

快要「自焚」的「地球」

　　「佛法」裡得道的「覺悟者」除了涅槃、虹化，還有一種彰顯「神通」的「戒火自焚」，讓自身的「拙火」把自己燒成灰燼，不留痕跡，奇妙的卻是不傷到身邊的衣物。

　　這也是現代「科學」無法理解的，為什麼有些人會發生「骨焚」現象，嚴重的就稱之為「人體自焚」。一個好好的人突然身體裡不知從哪引發「火燄」把自己燒殘或致死。這兩個現象唯一的不同是，前一個是「陽火」另一個是「陰火」。

　　這裡的原因，「陽火」是修行者的「道行」，值得欽佩但是不能追求和傳播。至於「陰火」只能懷疑這些人都是「生活」中「陰」、「陽」嚴重失調。嚴重到「水」、「火」分離後，發自體內的「陰火」無制，產生

「骨焚」甚至到「全身自焚」。

　　我們的「地球」在這些「科技大躍進」的幾年內，把「制衡」用的「冰川水」資源都快「耗盡」了，「它」一直在向「宇宙」求救！我們人類無知且視而不見、聽到當沒聽到，再下去就不是「移民到其它星球」能夠「解決」的事情！「宇宙」會在先救「地球」還是先管「人類」中做最明智和理性的「裁決」。

　　「祂」會讓「蓋亞」先自救而反撲，無情且大量的「殺戮」「物種」，來緩解負荷，因為「她」已經無法控制水與火的循環「她」抓不住了。為了幫助「她」現在「天啓」已開始，四馬跑在最前面，接下來會在有限的「時間」內，只等「祂」的命令下達。「很多基督徒看懂『聖經』了嗎？這就是為什麼是先用『天啓四騎士』來殺害人，你們以為『祂』只殺戮『異教徒』嗎？記住只有心中真正住著『父』且行『善』的『基督徒』才能回歸真正的家園」，而現今的「人類」正在做什麼呢？還在「種族」、「政治」、「宗教」所延伸出來的科技第一、

經濟成長、武器發展的泥淖裡「泡澡」！

　　所有的「宗教」都想救援「眞信」、「眞善」、「能忍」的人。會在「地球」災後，恢復且重建之後獎勵能完全做到前三項者讓「他」、「她」們得到最大的「福報」，見到人類歷史未有、未見的「人間天堂」。在這之前所有的異象顯示著將有很大的災難，但是也有很大的「祝福」在其中，連「我和祂」以及所屬各「宗教」組成的團隊，還有《翠玉錄》的再出世和優曇婆羅花都來到人間開放了！偉哉，「上天與父」並沒有放棄所有的人。

想多知道我身體裡
被封印的「祂」嗎？

　　我一直不知道祂或是他跟我共存，也不知道自己的「神」性，我只知道我被「困住了」，常活在恐懼和驚慌中。我的「母親」她老人家四十五歲在強心針的幫助下才生下我，多希望是「男孩」，卻失望了。還是忍不住用湖南話跟人說我是「金兒子」。媽媽對我的感受和評語是「磨人的鬼」，女孩就算了，每晚上都「夜啼」，弄得爸爸只能去公廁張貼「天靈靈、地靈靈，我家有個夜哭郎，路過君子唸三遍，一路睡到大天光」。別奇怪，當時只有那裡人多「眷村每家都沒廁所」。

　　熬過夜啼，毛病不少，軍眷的「醫務室」中的常見病人，爛頭、爛腳，又因為前生殺人過多。在我四十二歲之前每年「春、秋」之一必定大咳，就是折磨我常常

55

吃藥和打針。我很怕冬天來臨，怕太陽明天不升起來。

　　當在我三十多歲的時候，有一天下午做了一個夢，夢中看到一個令我詫異的景象，一位要稱之為「佛」嗎？還是和尚嗎？祂真的是光著雙腳各站在一朵「白蓮」上，落地後「白蓮」變成荷葉，再變成煙霧消散不見，我還來不急驚嘆這奇景時，看著祂帶著我的媽媽在一棟建築物裡的一面大白牆前停住，當時牆邊有兩個女人在聊天。當和尚靠進白牆，白牆變成一個跟牆體一樣大的「相簿」四邊的框有些破損，突然我變成祂了，心裡有個念頭，難怪「三界都亂了」，可是我又不是祂，祂的思想跟我沒關係，我被無知和疑惑包圍著，一下子又像失去操控權的木偶，看著自己在行動卻不知道在做什麼？祂打開了「大相簿」，「相簿」變成了大電腦，「我當時還沒見過這麼好的電腦」，沒有鍵盤，祂好像在螢幕裡輸入資料，我雖不能掌控思維，但是可以使用五官我看到螢幕裡的回應是：「此人與道無緣」，祂又行動了，螢幕回覆的答案是「她可以去『佛國』，如若堅持不往請去『輪迴』。」平常一定會有強烈反應的「母親」卻出奇的

安靜。「祂」看著「她」的臉竟然單膝下跪，悲傷地對「她」說：「我不希望妳再入『輪迴』。」「她」好像同意的離去後。祂把手一放鬆「它」又變成「大相簿」，旁邊的女人發現「新大陸」地跑過來，當成大家輪流使用的大電腦，兩個正用盡全身力量想打開它，祂發現後，輕聲阻止：「別打開，妳們關不上，三界會亂跑的。」現在我的疑惑像一個大問號？我從小確定知道「媽媽」是信「天主教」的，她去佛國幹甚麼？我人卻到「娘家」了，看見躺在椅子上的「媽媽」和站在一旁十分擔心的「父親」，「父親」見到我是個和尚卻毫無疑惑，連連對我說：「去叫救護車，妳媽快不行了！」我不加思索的回答，別擔心，別吵她，她要去「佛國」了。我那沒有信仰的「爸爸」更急了，在他心裡「榮民總醫院」才是歸屬，催著我快去打電話。這時躺著不動的「媽媽」竟醒來問我：「他們跟我要『證』，是什麼『證』？」我在一問三不知的情形下醒過來。

　　我因為諸多緣故，那時比較接受「儒家」的觀念：敬鬼神而遠之。就連「天主教堂」也不去了，所以

那時的我正是什麼「信仰」都沒有的自由身。勉強要說到和「道家」的緣分只有高一上學期被「男同學」約去「仙跡岩」爬山玩，好奇的抽了一支籤。哈，竟然是籤王，不過「它」的內容是警告我，三個月內如果沒有好事發生，最好「進山修道」，天啊！我當時才十五歲多耶！更何況我心裡有個想法「只羨鴛鴦不羨仙」，謝謝啦，再連絡。接著的是我怎麼也不會相信我跟「佛教」有關係，我最愛吃「肉」，要我茹素很殘忍，我是沒有自覺的，「肉」這個字其實有「人吃人」的涵意在。我當時排斥「佛教」跟我也當時愛吃「牛肉」很有關係的。現在好了，來了一個和尚，又被問我一點都不知道的什麼「證」？

夢醒了只能求教懂一點「佛教」的大姑姐，她說是「歸依證」，我也沒再去求證，又把夢說給大姊聽，請教她這是怎麼回事？她倒是解決我的一個疑問，原來「媽媽」在沒跟部隊來「台」之前都是信佛的，而且一生從不吃「牛肉」。

玄妙的是「母親」沒有「歸依證」，又接受不去「輪迴」的這條路。把地府整得不知如何辦理，在那將近十年裡，無論她身體怎樣不佳，都死不了。常是突然昏倒，醒來沒事，尤其是我在身邊時，有一次又突發心臟病，被姊姊送到「仁愛醫院」，當時嚴重到已經流出「屍水」了，要宣告死亡時，當我一靠近，她又不想走了。連醫生都說就算活著也是「植物人」，我叫她，她竟然還回我。我跟兒子去坐公車，姊姊緊張說：「媽媽又不行了」我只要一到醫院，她就不走，幾次之後，最後的結果是過了兩天的下午兩點姊姊通知兒子「外婆病危」他狠心五點回來才告訴我。我出家了，姊姊有自己的不便，加上「媽媽」的個性太強，我當時因為兒子讀大學在「陽明山」而我正在受是否「堅心修道、誓不回頭」的試煉而無處可去，只能跟著他住在租來的宿舍裡，一個人睡床，另一個睡地上，當他回家去住時，我也曾想過接她來共住，但是我當時的「心性」因「魔狂」和人世間之苦變的很不穩定，根本不能和已有「被害妄想症」的她同住。

就算如此「尊長」們仍然給我破痴迷的機會，讓我看清楚什麼才是「母親」想要的？多年前，我和「母親」在姊姊家相見，沒有久別重逢的感動，第二天我的高中同學「李麗梅」知道我下山在姊姊家時特意過來看望我，兩個人才坐下，就看著二十幾歲的外甥沒吃晚餐的往外走「因爲時間還早，才下午 4 點多！我想等會兒再熱飯菜也來的及，而且同學好久不見了……」在這時，「母親」竟當著我的同學面前大聲斥責我，爲什麼不熱飯菜給他吃。當時場面難看又尷尬。在我心裡想著「我也好久沒來姊姊家呀！我從『靈山』下來，只是爲了見妳一面，妳還是一樣的從不給臉面……」，那一瞬間我明白，我的陪伴在「她」眼裡沒有意義。如果硬是要陪伴在她身邊，只會把這份母女「情緣」消磨殆盡。而且我和她只能看人臉色的渡過餘生。我知道「母親」一生其實很愛面子，我想我要努力進修，不再回頭。我要把眞正的「榮耀」化成無形的冠冕戴在她的頭上。

我夢到過「媽媽」兩次，一次「她」拿細棍子抽打我，我抱著頭不敢掙扎，我知道我讓她受苦受累，而

且狠心丟下「她」去「修行」了，當時情非得已，我必須按照早已預定的「道路」前行，「修行」是我此生早經設定的「歸途」再加上我認為再苦再難我也要讓她在「祖先」面前能「生女勝男兒」的抬頭挺胸。以前的人都有重男輕女的觀念，也因如此，她確實是因為沒有兒子被「父親」叨唸幾十年，但是我不能否認於「孝道」有虧。心想只要她能出氣就好。第二次她再來到我的夢中，直向我撲過來，我還來不急反應，她抱著我「狂親」，在我有記憶裡，她從沒有這樣「親」過我，她一直偏愛二姊，那才是她的「心頭肉」。

第二次「祂」來到我的夢裏是我來「淡江」將近快十年了，我們需要過「妖魔道」，被捉弄和騷擾是家常便飯，「眾魔們」在我修行的途中會分批且不斷的折磨我，「祂」選在這個時候打擊我們，就是要讓我知道「祂」才是這個世界的王。不在這個時候動手，難道要等我們強大後自找苦吃嗎？那段時間我身、心、靈都處在快「離散」的狀態。我只有左半部身體能動，右半邊的「血脈」都不通暢之下，吃飯只能用左手拿湯瓢，連

床都不能睡，只能睡沙發椅，更別提「盤坐」練功。岔開話題一下，當時的我害怕夜晚，整晚都是開燈睡，因怕燈光太亮會臉朝椅背睡。有一天晚上我甦醒後慢慢翻身竟看到了沙發旁站了一個人形的生物。「祂」就站在我的枕頭邊。當我仔細看清楚後，我從頭到腳都快凍住了。祂正在低頭看我，我沒想到這世上真的有「死神」，而且「祂」拿著那招牌的「鐮刀」直勾勾地看著我，我哪敢跟「祂」對視。唯一能做的是努力翻過身向內睡，假裝什麼事都沒有發生。心臟不爭氣的亂跳，忍不住冥想，不知道我是招誰惹誰了，連「死神」都來了，而且我是清醒的呀。祂又是哪一教的呀，我跟祂有什麼過節嗎？「道教」有祂這號「神明」嗎？你能想像我的「世界」嗎？

回到主題，有一晚被戲弄的難以入睡，好不容易累得睡著了，「夢中」「祂」出現了，這次我完全是旁觀者也是一個被害者。看了一會兒，並不覺得「祂」有多威猛，畢竟空著手又一敵三、四個「魔物」，爭鬥了一會兒，被「祂」抓住其中一個，我心裡想，還好制伏了一

個，但「祂」們還有二、三個同伴，你只剩下一隻手，怎麼打呀？最不解的是「祂」本可以保護我，解決一個就減去一個，「祂」竟然不但不趁機誅殺手中的「祂」竟還放手任那「魔」遁去，不只有夢中的我驚訝，連其他的魔們也停下來，不解的看著「祂」，一陣互相對望之後就都走了，不知道是不是感激「祂」不傷害「祂」們的親眷，竟然再也沒有來欺負我了。到後來保護我的是「大天使」。因為我在 2020 年的下半年才知道，當年對我心裡說話的是「大天使」，除非我要求，「祂」們是不能干預我的任何決定和結果。

為什麼要把「真相」
透過文字書寫的方式來傳播

　　這個問題是個看似簡單卻寓意深遠的問題，是為了我想要出名？是我在妄想一定會有人追捧，就算人數不多？其實我一直抗拒書寫這本書，因為我有完美主義的傾向，再加上我本身自尊心很強，我不想為了這本書，把自己先「審判」，在世人眼前。在 2019 年九月呂祖給我詩籤裡已經表明：「天降紫微星……」我當時並不開心，我只覺得是壓力。我只想好好「修行」去找我的「師尊」跟隨在其左右。而且，我連自己是誰都不能確定，在加上一生苦難、對人世並不眷戀。尤其是我們修「正法」的，不愛受人「供養」怕背「因果」，我這近二十年修行全靠女兒（女婿）平均每月台幣一萬多的供養（另外還有房租），當然我能夠堅持下去也是所有「尊長」和「團體隊友」的暗助。除此之外還要有一顆「金

剛之心」，我必須接受「天考」、「人考」、「魔考」！我一直到 2020 年三月多都沒對身邊的人說，其實也是怕別人不信，以為我想往臉上「貼金」。更重要的是我這一生總常有站在「聚光燈」下，躲也躲不掉的感覺，偏偏壞事多好事少。像極了「人間觀察者」，更像是「遊戲機」裡的「角色扮演者」總結一句「心累」。插句話，我和女兒的「供養」就像「天平」，她給予我「金錢」，我還她的是「智慧」和「福報」。我身邊的人除了為了「工作」必須接受打疫苗接種，我們是「自然免疫力遵行者」，前提是用「大愛」和「真信」再加上「勇氣」做「矛」跟「盾」，結果是就算感染，有如小感冒甚至無症狀。如果做不到那三樣又想用「自身免疫」的話，請自行衡量「身體狀況」。想像一下，有些善良卻染「疫」的年長者是不是用自己僅剩的生命去祝福其他的「年輕人」？這就是「自然界」裡的自我犧牲。所有的物種都有這個機制刻在「基因」裡。「它」會在將「大毀滅」時做出犧牲自我，以求「種族延續」。

　　你如果相信我們的身體不是慢慢「進化」的，為什

麼要懷疑我們的「自體免疫系統」，我們的「神話」故事中都說到，「神」用泥土造人，會不會奇怪？怎麼有點「掉價」的感覺！「血液和泥土」也可以說「基因和泥土」，就變成「人」。知道嗎？我們「道家」稱呼「神識」為「意土」，這是「訣」。總結這次的防疫作戰全用防堵，越堵越潰散，看看老祖宗治水的「先例」吧！要不怕新冠先要問自己的「心」靈是不是做到為「人」的基本原則，是不是懂得珍惜「上天」給予我們最好的試煉，給我們學著去「愛」此時陪伴你的人、為你付出甚至必要時會為你犧牲的人、包括物種。你除了你的「寵物和金錢」，有多久沒真正關心別人了？真正能戰勝「瘟疫白馬」的是你們的「心」。舉起你們的「矛」和「盾」和堅定的「信仰」去面對「牠」。「牠」自遠去。照著我的話去做吧！不然我們「人類」會在未來的「苦難」裡不能「種族延續」，如果全「人類」就是「人族」，為了我們的種族，我們不要管「膚色」、「國土」、「宗教」，因為那才是延續種族之道。

這條「孤獨」的路上，
原來我不是一個人

　　自從「出生」後「天、靈」界和「地、魔」界就在我身邊集結，當「紫微星」降生人間，「二十八宿」必定相隨，只是祂們不能陪伴我，甚至入迷後彼此不能相認。再加上對我而言是幸還是不幸的「祂」那層層的「封印」在我身裡。當然眾魔也夜夜相擾，在我十四歲之前沒有睡過一場沒有「鬼怪」夢的好眠，還有「體質」原因的尿床，在那沒有「洗衣機」連用水都不便的年代，誰要跟我睡呀？「媽媽」每每氣得動手把我打醒，我記得小學一開學只認得「班導」和「班長」，當天夜裡的夢竟然夢到「班長」蹲在我家「廚房」裡觀看著裝水的「大缸」，我很開心的問她「妳在看什麼」，她沒有回答，眼睛只是直視著缸內。我走近前看到「大缸」中全是殘缺的人體泡在深色的液體中。因早讀的我才六歲，

驚嚇得在好一段日子中我的「人」總是傻傻的。有一個眷村媽媽管我叫「小迷糊」,「典型的魂不附體」。

我在三十多歲才在夢中見過「祂」,在這之前,我總是活在「黑暗」裡,那不只是生活環境品質的不好,更多的是「惡魔」對我的試煉,「祂」讓我的「心」活在無形的「塔」裡,跟所有的人分開,時不時的還把我從藏身的「塔頂」擊落。至於我元神中的「祂」會出現,一方面是「時間」的這道封印揭開了,身體裡的「睪丸酮」濃度可能也增加了,可是除了加強我的一點點勇氣之外,我仍然不知道這是什麼回事。

我直到現在還沒有完全清楚。當然這幾年裡明白了一些道理也曾困惑過「祂們」這麼厲害!要我幹嘛?「佛教」等的是「彌勒佛」、「道教」說的是「紫微星」、「基督教」想要看到「耶穌」、其他宗教都有期盼的「救世主」。這個疑問?讓我迷惘且不解了很久,「祂們」會全都來嗎?會是輪流出場嗎?我是女的耶,而且前半生,我除了沒吸毒,壞事「不合乎道德規範的事」也做

了不少，當然我靈魂有著「善良的」天性，只要「祂」管著我的思想時，就算是做壞事都不能盡興。時不時會自動跑出「善念」。也就是因為這樣我完全成了所謂「既見絕於君子，又受憎於小人」般的存在。兩邊都不受歡迎，黑、白都沒有「朋友」。白話一下就是黑的覺得我「假惺惺」，白的說我不守規範。回到正題，好像有我沒我，沒差啦。我根本就不需要來這裡走一遭！我連自己是誰都不能確認，可是當我疑惑不解時，「尊長」們會透過各種方式幫我解惑！偶爾「祂們」還會在我的大腦不堪負荷時強制關掉我所有的資訊包括網路。真的。突然我的網路就自動斷聯，那段時間就算被動式「閉關」了。我現在有點明了，在我們「道家」煉丹是需要「鼎」、「爐」的。對應到人身就可以解釋了，必須「真陽」和「真陰」合一產生「聖胎」，原來這一切的答案在於「她必須是孕婦」，這就是其中的關鍵。一般人哪能想到那頭頂日，腳踏月，頭戴十二星晨之冠的「婦人」，「她」腹中胎兒才是真正的「王者歸來」。結論：我是「爐」，祂是「鼎」，想必須要「玄陰」體配「純陽」魂

缺一不可，因為兩方，「勢均力敵」再加上平衡且融合完成「大圓滿」產出「聖胎」。為了保護我和「聖胎」的安全，在這三年，我所居住的島嶼上「風平浪靜」。2019年在一個前世夢境後三位大天使就一起奉命保護有「胎孕」的我「先說明一下我的胎不是一般男女兩性結合的凡胎」和我的親屬。因為「三教合作」情形下一直到我能解決封印的問題，知道如何走下去。

　　現在這是「天機」以後就不是了。我們女生和「祂們」在這個世界上就像是「一個瞎子背著一個瘸子」，「祂」是眼睛而我是身體。我必須學著在這個世間活著「接地氣」的踩在汙泥中，重要的大方向就需要「祂們」的指明。如果是顛倒過來，我們被「封印」讓「祂們」主導身體。結果是我指的都是「隨心所欲」的小路，而且生性慵懶。而潔如白蓮的「祂」怎麼能再踏進人間的「淤泥中」？而且「陽性」到達「祂們」的層級是「大愛」和「犧牲」，想想我們在這世間怎麼「活下去」？總不能天天說別人打我的右臉，我就把左臉也湊過去吧？自己不吃全部讓別人吃！！對於「嬰兒」如果

只是普通孕婦的孩子，就算生出其中一教的「救世主」，「祂」在這物理世界怎麼能拯救「祂」的信徒？別的宗教管還是不管？要是「祂」想管，那些異教徒能相信且跟著「祂」走嗎？就算是那樣，又生出新問題來了，就像是我「媽媽」那樣，天主教徒去佛國。

當我「陰性」和「陽性」的能量越融合之後，我發現我好像明白了許多事情，就像是我正在解封一般，我相信在不久的將來我如果找到了所有的「靈魂記憶」的碎片，我就能拼成完整的「自己」了，也就明白我從大概八～九歲以來始終不解的疑問：「我到底是誰？我為什麼是『我』？我為什麼不是『別人』？我以後不要再『死掉』，那會忘記『自己』的！」

我當時雖然知道自己是紫微星卻高興不起來，我根本不知道「結胎」需要「解封」，想「解封」必須了解「玄陰」配「至陽」，「師尊」一直暗示，我無法參透，卡在其中虛度光陰，拖延了多年，也更加痛苦。幸好這兩年，我另一個「師門」——「巫門」利用「塔羅牌」

使用「圖像」的特點讓我漸漸的不那麼「孤單和絕望」！我就像是一個去讀「大學」的國小生，根本看不懂「原文書」一樣的看不懂「丹訣」而且我還沒有「同學」可以討論。而身邊的親眷除了女兒還有一點慧根，兒子天性善良之外，其他人都是真真正正的「地球人」，我們修真講的是「財」、「侶」、「法」。我們「生活」需要財物，但足夠就好，我們需要志同道合的伴侶，很難找到時也只能獨行。最困難的是「師」與「訣」，進師門有如參加全國十幾億人的「大學聯考」，參考書是《道德經》！就算是考上了，你也要有「慧根」了解「師尊」來渡，「『修道』不是徒弟找師傅，是師傅找徒弟」，而且要放下所有的「塵」。還要加上「尊長」的幾次測試通過才算「入門」才可受「衣缽」很難吧！這也只是前茶，提到「訣」更勝於「無字天書」，全憑一個「悟」字，要多少年又多少挫敗和打擊，把自己的身體中的「鉛、汞」提升到能類似像「西方煉金」術般發生變化。「煉金術」是想得到「賢者之石」產生「金」。我們是反過來先求「金丹」再結「聖胎」。還好我們有一本「書」——

「易經」可以參考求證道行深淺變化。身為「華人」何等幸運，可是也很不容易。但是看得懂「易經」的人難道沒有懷疑？「它」只是卜算用的嗎？內容裡為什麼有很多卦象中提到「血」，像「水天需」中就有「需於血」之類。

　　就算是得到「賢者之石」也不能離開這個「地球」。「大道」難求，但是還好有「先輩」給我們指引方向。

答案是「巫門」師長全力支援

　　我這生非常受折磨，「高中一年級到二年級上」是我成長最需要營養的時候，但我是處於飢餓的狀態下，寄住在姊姊家，她的負擔也不小，而我學的是「美工」，對我而言真是錢坑。當時物價是一個「饅頭」兩塊錢，一張很常用的「白卡紙」兩塊五，還有「素描紙」、「水彩紙」林林總總一堆。我必須把早餐買的「饅頭」去做上「碳筆素描」的「橡皮擦」。中午的便當盒小小的。除非我在下午 4 點前回到姊姊，「她因為姊夫工作關係，要在晚上八點以後才吃晚餐，所以會先用點心」。所以我總是跟飢餓混在一起。最重要的是我沒有買紙的錢，常常看到「老師」過來了，跟比較好的「同學」借紙做樣子，「我不能使用，不然下次誰要借我」，總結一句，我這生的受教經驗很糟，常有難言之隱。我雖無傲氣卻有帝王骨，不愛跟人乞憐，外表看著溫柔，可是不會撒嬌。「都

是『他』害的」，這裡的「他」是我另一個靈魂特性——堅忍、刻苦的「紫微星」。我一直到五十歲才被命運「磨」到臣服，也才肯使用「敬語」。以前的我從不使用「請」，這個字，最多是「麻煩你幫我一下」。逼急了我會爭吵走人也絕不求饒。「上蒼和尊長」只能打磨我的心性直到我搞清楚自己的身分。我是女人，不是男的。不然太「陽性」導致無法平衡。第三個就是大天使守護著的「耶穌」，這也就是我在「天主教」裡被前世「母親」聖母馬莉亞疼愛的原因！我後來脫離教堂，且人生路上受盡折磨，也不知道回到「祂」的身邊陪伴左右。「祂」常落淚。我有個心願，願它日飛升必捧著「祂」愛的玫瑰前去「祂」的身邊。告訴「祂」我這生嚐到了身為「母親」又失去愛子的感覺，「差別是一死一棄」知道那是「痛徹心扉」的感受。我的「靈魂團隊」必須如此強大，才能在這人間不被整個「魔族」團滅。

此生回頭看，我真的「滿心歡喜」，我一直以為的苦難全是看不清的「祝福」。我總覺得「無依無靠」且「孤身一人」卻不想圍繞著我的是何等偉大的存在。再加上

「三教合作」的情形下，被這麼多「尊長」庇佑和指引。光自身能有「兩家」「師尊」的授業傳承。就覺「不虛此生」了。

「道家」的師尊雖然疼愛我，但是裡面有「威懾」讓我不敢放肆，畢竟其中有很多困難和艱險讓我去一一克服，自然「嚴格」是對我最好的。「巫門」中包含「薩滿」對我是疼「頑童」般的寵愛，看到我腦袋灌水了，苦思不能理解「道」的奧妙，竟然使用「塔羅牌」的圖像特性，來助我一臂之力，出現好多的新圖卡。尤其是讓有天賦的「靈療工作者」幫我打氣和鼓勵，只要我有選牌「心情不好又卡關時」，「祂」會附身在「他（她）」們身上。他（她）們會有想打嗝或是突發靈感的情形。牌也會有連貫性，有點像「個占」。那麼總是讓我有「滿滿的愛」又能繼續往前邁進的感覺，尤其是這兩天幫我破迷的「趙文佳」，她很好，有潛力，「師尊」給她「天機牌」讓她點明我，我一直沒想過的「正緣」是何意義，我只想到男、女之間！很排斥，心想我又不是修「祕宗」裡的「合合法」什麼法王、明妃……。再加上

我們「道家」認定不能斷性慾是妄想蒸沙成飯。在這感謝我的「師門」對我的奧援，還有這些啦啦隊的小朋友。

你相信——

你（妳）信仰中的「神」嗎？

前面我已經說過了，但是我也覺得說服力不足，我現在快點再說一次，用比喻的方式，順便解釋「三教合作」的意義？

如果我是校長，帶著一群一千多人的國小生，當我被臨時通知有「颶風或是颱風」三個小時來襲，我會不會把所有的小朋友都留滯在學校，讓「老師」下班回家？記住學生從七歲到十二歲不等。他（她）們其中還有「外國人」，就憑我一個人，不要別人幫忙。就能夠解決「學校」這一天在「風暴」中可能的問題，還能保證所有孩子的食物和安全。想一想有可能嗎？

如果有人自認做得到，我讓賢還不恥下問的向他（她）請教。「如果你在這『物理世界』天馬行空的想像

使用魔法之類的，或是讓高年級幫著照顧低年級諸如此類胡說八道的話，真的只是浪費時間而已」。

如果同樣的情形下，由學校請媒體透過新聞發佈的方式讓家長知道後來接自己的孩子放學，「低年級」最有可能被接回家讓「父母」照顧，沒人接的孩子聚在一起由一兩位老師陪伴，空閒的老師幫忙聯繫家長，確認剩下的孩子會有人來接回。中、高年級的學生如有能自行回家且離校不遠的孩子就讓他們回家，到家後由「自己」或家人傳訊息給老師，如果仍有不少的孩子必須等下班的父母或監護人來接回。我和住的比較近的「男老師」留下陪同照顧。是不是比前面安全一些？

如果這位校長是未來的「救世主」，「祂」只憑一人就能拯救這世上所有的存活者在不同種族、地區、語言、尤其是宗教、還要做到安全和食物，想想就知道不可能？除非像前幾次的毀滅一樣；剩下僅存的「人類」自己茹毛飲血，等著「祂」從頭教農耕、水利。

「祂」必須能教化「心靈」還沒完全腐蝕的「人們」要相信你們的「神」正在一起「合作」想拯救你們於災難中，只要你不要固執的繼續讓「邪惡」、「金錢物質」、「自私自利」……一切所有違背你的「神」所教的「善」信和「善」念。

　　被推派的「救世主」是校長，各班的導師就是你們信仰的「神」、「班導」了解自己的班級學生會保護他的學生經歷危險不受傷害只要你相信「祂」跟隨前往安全之處就是了，當害怕時大聲呼叫「祂」的名，請「祂」進入你的「心」讓「祂」的「愛」包圍著你。家長是你的「祖先」或「神祇」當然還有可愛的「薩滿」啦！「祂」們當然也是有保護能力的，只要你是「善良」的，在你們的「心」裡自有「光明」在黑暗中也能被看見。

奇妙的修「法」
和各自的「因果」

　　「我的法」不是高深莫測的法，不是錦繡文章般賣弄聰明，只給知識分子看懂，是誰也能說一套卻又摸不著做不到的法。我要讓平凡的人，尤其是「善良」的人容易去學習的「法」，不去兩極端，只要做好平衡自身裡外的「陰、陽」融合法也就是「大圓滿」。前題是不急於求「大成」去強制自己慾望、和塵緣。你越用力去施加壓力，反作用力必定產生，越想隔斷「塵緣」，在「因果業力」未償之前，是不可能的。就像是前帳未清，卻想賴帳走人一般，就算證得「菩薩」甚至更高等級的靈魂。仍然要回來清償一般。就像我身中的「陰、陽」靈魂各自有各自的「債權人」而無法抵賴。「佛」想陪伴前世的「母親」縱使這生不受珍愛，可是到最後還是緣盡拋下。「紫微」想用二十年的時光讓前世的「馬皇后」過

過「夫是天字出頭」的癮還有必須承受四十幾年的惡業疾病，「耶穌」在這世一是明白了「慈母淚」還有就是要拿回自己被奪走的榮耀，至於女性的「她們」又是一筆爛賬，等有時間再說吧！現在你想一想，我們「修行」的最終目的是什麼？是不是為了真正的自由和快樂？

我們真的懂得和做到「快樂」嗎？如果有的話！一定是先「富足」，在定義這點是，心靈上已經懂得「滿足」不會跟別人比較外，還要知道夠吃夠用快樂逍遙。學會感激我們享受的是別人的犧牲。在這點上忍不住要談一下，很多人都羨慕「富二代」先天就不匱乏。其實是沒看懂「他們的匱乏」！這個世界上什麼是最好吃的「食物」？就算是把所有的美食端上「富二代」的餐桌上，也不過是例行公事的把食物倒進胃裡！也早就是「不過如此」的無法讓他們感覺「食物」給心靈的撞擊和滿足感。另一種解釋就是「他們」的心裡從來沒有真正吃到好吃的食物。只要從那「桌上」隨便端走一盤去給「貧窮」和非常「飢餓」的人，對真正需要的人而言那才能叫「享用」。在「他（她）」的心裡會久久不忘，

時時回味。也許有些意義上定為「窮人的人」前生就是「富有」的人，他此生就想要「十足的」去品味人生中的終極感覺，那每一個日子中都是「有可能有？最可能是無」的感覺！天天都是「匱乏」但是偶有「天堂般的滿足」，他們的此生所有的「覺受」都是放大數倍的。如果你能看清楚，大家都在自由意願下根本沒人逼迫的選擇參加一場名叫「自作自受」的人生劇場演出，怕只是怕「入戲太深」，忘了戲裡的人不是真正的你。現在要偶爾抽離一下審視一番，問一下自己你在這個角色扮演裡學到什麼了？「貧或富」只不過是一種感覺，為什麼要拼死拼活，害了別人傷了自己？權力也是同樣的道理。你怎麼對待別人，繞一圈還是回來也讓你感受一下他的痛。這也就是有些經歷過大好、大壞的人會容易覺醒。願意選擇走一遍不同的「苦」路。看自己能明白些什麼意義？放下自己心中的「執著」只為找出一條能走出「無限」覺受的「輪迴」。

法如何修，那需要時間，如果任你們進到「迷宮」一般的劇場，就算是幸運的走到終點。「業力」會像看不

見的網把你再次拉進緊緊困住難出，這是設計者當時的設定。這就是進入的人「億萬起跳」真正能脫離的寥寥無幾。也有點像真實版的「生存遊戲」所以不能不欽佩「覺醒者」。「祂們」覺悟且身體力行。而且我們都是需要「祂們」的帶領。

　　像一個要上手術檯的人一樣，要清楚大概的時間。有幾個選擇？第一個選擇是不管日子，到時侯再說「隨便」！第二個選擇想一想動手術傷身，要先大吃大喝補充營養！第三個選擇是憂心忡忡的一直嚇自己，怎麼知道結果是不是成功？要是手術失敗呢？第四個是選擇，看清楚這個手術的重要主動配合，早早就把計畫做好！日常的生活過好，欠人的該還的都處理一下，注意身體和心靈的滿足讓「愛」迴盪在身邊，有自覺的知道無論結果會是怎樣？我都感謝「天地」神明的恩賜，讓我有此生之行和學會去「愛」和「被愛」。看出來了嗎？這個法適合現代用。用真「愛」做「防護衣」去保護自己的「自救法」。如果不先通知你們，想像一下就算是活下來

了。會有多少恐慌、多少遺憾。你能不感謝「祂們」的慈愛嗎？

　　當你做對了⋯⋯下面就交給你們的「天和神靈」，不用擔心，會有照顧你們的「引領著」讓你有地方「術後恢復」，完全健康之後等待更高層級的「祂們」帶著你們在足夠的時間學習讓自己更健康和快樂的「正法」。

時間有限！

我不求完美的解釋我來的目的

和精準的表達這一時刻的重要

　　上章裡還沒有說明我的法是如何修煉？不是我欺騙你們，因爲修煉是「奪天地之造化」、「采日月之精華」，不可能短時間內完成，而且各人資質有很大的差異。就像是不能把所有不同年齡的人放在同一班，而且就算是經過篩選且同齡的人，在這世界上會有多少？我總不能教到「天荒地老」吧！別忘了我有「團隊」。

　　所以，我的作法是先教所有的人如何自救，等「災後」，建立一個「地球學校」，依每個人的「靈性」和決心，請「宇宙」中的「導師」來教育和「引渡」各自去往心中的「天堂」。那些資質不足但善良的人，就先快樂逍遙一段時間吧！我停下筆來是因爲，我已經表達完

了。不能亂丟承諾給你們。記住我不是來開「保險公司」。——更不會什麼都保。我們要相信公平原則，一分耕耘一分收穫，沒有不勞而獲的事情。

人類用「科技」、「醫療」、「武器」一再挑戰「神權」。當年「香港」爆發「SARS」時就是給人類文明最後的「警告」。還好當時「協和醫院」的院長，認清無法醫治病患，不顧一切地謙卑的帶著全院向「神」祈禱。他的行為獲得了寬祐，全院的病人在很短的時間內康復了。這件事情比對現在正在發生的「新冠」！人類沒有反省自己，以為自己更強大了，都可以探索「宇宙」了。用最新的「科技」加「醫療」研發「疫苗」來抗拒接受「神」的篩選。你們知道嗎？救贖名單早已出爐了！這個地球不能再不「大淘汰」了，否則「蓋亞」就要死亡，所有物種都跟著陪葬。「神」是慈悲中帶著威嚴，「祂」已經給了我們時間。這些年我做了什麼呢？反省了嗎？覺察到了嗎？學會「自愛」了嗎？只有少部分的人，也就是這些學會「自愛」的人，在最後時間要「拯救」的人，才讓「祂」沒有立刻命令毀滅全人類。

別以爲拿著「武器」、「金錢」、「科技」自認強大到可以「褻瀆」「神權」。還有的是如果以爲曾「受過洗」、「吃素食」一定會得救，也是想得太簡單了，那些行爲只是爲了自己好。「停滯」的愛是沒有「力量」可以被救贖的。我奉「天」的旨意告訴所有的人，先「自愛」後「自救」才能得「救」。

我所覺察到
「輪迴」給人真實的意義

　　我被告知必需要放下自己另一個叫「母親」的這個職務，不再糾纏其中，反覆嚐盡酸甜苦辣之味，才能讓自己更進一步提升能量。有一種還沒有看到或是永遠達不到的境地一般，想想如果能夠真正放下這些感受，我又何需再讓我的「心」如此「受苦」。每當我覺得我應該平靜了，不管算不算是用意志去強力「壓制」它。我越用力，反噬也越強大。我不但「心」從沒離開「苦海」，連身體也不能安寧的連帶受罰。試想哪有一個「母親」會不記掛自己的骨肉，我已經讓他們飛翔了！可是我知道這不是真正的放下。「天」跟「魔」都不斷給我試煉，「魔」不讓我前進，而「天」跟尊長要我真的找到打開「心門」的路。希望我除了自救還能教會別人方法。這樣將來的「修行人」就可以減少很多障礙。

我總算明白了一個道理。為什麼就算我是有心去面對「前世的業力」，不逃避「過往」且透過宿命通察到了彼此的身分和角色，一再補過下，雖然有減低了「報應」的附隨之苦，但是身為「修行人」的我，卻難逃被「魔」拿來大做文章的攻擊。

　　原來我一直再反覆的受苦的真正原因是我只是在「降魔」、在壓制、在抵禦。就像是面對已經匯流成河，甚至是快成江海的「心」，它正由涓滴已成「心湖」離「心海」不遠了。現在我不管它會如何增大，我要回到它的「源頭」起初。也就是我有這個「業力報應」的最初原因。「普通人無法得知宿命的因跟果，也不需要強知一切，他們只要『自作自受』即可，可是要和我一起前往未來的人，就必需懂得這個道理」。這一切來自於起心動念的「決定」。我在「那世」做了一個決定，那個決定是不是最正確的選擇？我不是那世的我，雖然答案有如「禮物」從他發出，現在的我收到了。為什麼說是「禮物」而不是垃圾。因為讓我再一次去抉擇，會不會是選同樣的？我的答案是：「會！」就像我的「罪與罰」在當

下是今生受苦，可是看清楚後我卻感受到無比的幸運，我這一生有如戲劇逆襲人生般的更勝戲劇。我應該感謝他們的選擇，也要接受這個「大禮物」會給我一些麻煩和困擾！我要放下心裡的執著，就像前世的我也不是選擇「家庭」，所以我不再認為現今的家人為什麼總是站在我的對面一再拋棄我和傷害我了。結論是找到困住自己的「人、事、物」。要明白「果」已經是穿過時空到你手中的「禮物」？「垃圾」？都不能退回。接受「它」。看清楚那個最初的你在並不知情的情形下，對你寄出了「鼓勵」？還是「詛咒」？就算是你現在收到了詛咒，你也不要再給未來的自己還寄出了「不幸」。

所有的筆記本
——現代版的二十五章經

　　我是取經人也是代天完成這「地球」更新的引領者。我奉命而來，透過「道」為主體的「修煉」，先尋求「自身的大圓滿」，加上不斷的破除層層「封印」來和我的「團體隊員」連結與「合作」。接受這宇宙最高等級的知識和「授權」。一定程度的說出「人類」被准許知道的部分實相，讓「真誠」、「善良」、「忍性」者，渡過一切苦厄而不失信心。在這完全過程結束前，我還有必需完成的「關卡」和試煉。要不是被逼迫先出「書」來保住「善信且沒打疫苗的人」，我不會冒著危險出頭。只是想跟「祂」約定：「我不提『疫苗』，你不能逼『人』，讓人類自己選擇」。

　　有人想知道這宇宙的真實的面向，包括「平行宇宙」。其實說簡單點，就像數字無限相加總合是「一

1/12」，那麼這個世界的變化也是如此，所以，每個人、事、物都在這「無極」中，不斷更新與消亡。答案就是一個「當下」。所以每一個「現在」就是暫停；是結束也是開始。看到這裡，你要結束一再重複的「自找苦吃」和死不認錯的「循環反覆」嗎？看懂了嗎？「天、地」並沒有偏心，專跟你過不去，說傷人一點，沒有「人」能大過這個真實的「一」能產生變化的是你的「心靈」和「意識」，你的開始「新選擇」就是真正改變你的過去和未來。

　　想必有人懷疑，為什麼我說我身體「封印」了「三位一體」，有必要這樣嗎？「祂們」三位各自代表「天慈」、「天權」、「天贖」。看看很多「創世神」都不是一個「頭」的。因為這次不僅僅是「毀滅」，還要「重建」。為了趕時間出「書」，我也顧不得我的「完美主義」和自尊心。

95

國家圖書館出版品預行編目資料

我是「愛」我就是「紫微星」我奉天命帶領「神
的孩子們」回家／黃著. ─初版.─臺中市：白象
文化事業有限公司，2022.05
　　面；　公分
ISBN 978-626-7105-55-9（精裝）
1.CST：靈修
192.1　　　　　　　　　　　　　　111002898

我是「愛」我就是「紫微星」
我奉天命帶領「神的孩子們」回家

作　　　者　黃
發 行 人　張輝潭
出版發行　白象文化事業有限公司
　　　　　　412台中市大里區科技路1號8樓之2（台中軟體園區）
　　　　　　出版專線：（04）2496-5995　　傳真：（04）2496-9901
　　　　　　401台中市東區和平街228巷44號（經銷部）
　　　　　　購書專線：（04）2220-8589　　傳真：（04）2220-8505
出版編印　林榮威、陳逸儒、黃麗穎、水邊、陳媁婷、李婕
設計創意　張禮南、何佳諠
經紀企劃　張輝潭、徐錦淳、廖書湘
經銷推廣　李莉吟、莊博亞、劉育姍、李佩諭
行銷宣傳　黃姿虹、沈若瑜
營運管理　林金郎、曾千熏
印　　　刷　基盛印刷工場
初版一刷　2022 年 05 月
定　　　價　333 元

白象文化　印書小舖　出版・經銷・宣傳・設計
www.ElephantWhite.com.tw　f 自費出版的領導者　購書 白象文化生活館